# Bilder der Bibel 7

Emil Maier-F.

# Jesus gibt uns zu essen

mit einer Erzählhilfe
von Michael Liß

Verlag Katholisches Bibelwerk Stuttgart

Die Deutsche Bibliothek – CIP-Einheitsaufnahme

*Jesus gibt uns zu essen* / Emil Maier-F. Mit e. Erzählhilfe
von Michael Liss. – 3. Aufl. –
Stuttgart: Verlag Katholisches Bibelwerk, 1992.
(Bilder der Bibel; 7)
ISBN 3-460-24071-7
NE: Maier-F., Emil; Liss, Michael; GT

ISBN 3-460-24071-7


Bilder von Emil Maier-F., Hagenah
Reproduktionen: Reprotechnik, Kempten
Druck: Kösel, Kempten
Bindearbeiten: Josef Spinner, Ottersweier

Der Bibeltext ist entnommen der Einheitsübersetzung
der Heiligen Schrift, Katholische Bibelanstalt GmbH, Stuttgart

Die Jünger kommen von einer Reise zurück.
Sie erzählen Jesus, was sie gesehen und getan haben.

Jesus will mit ihnen allein sein.
Sie sind müde und möchten sich ausruhen.
So wandern sie an einen einsamen Ort.

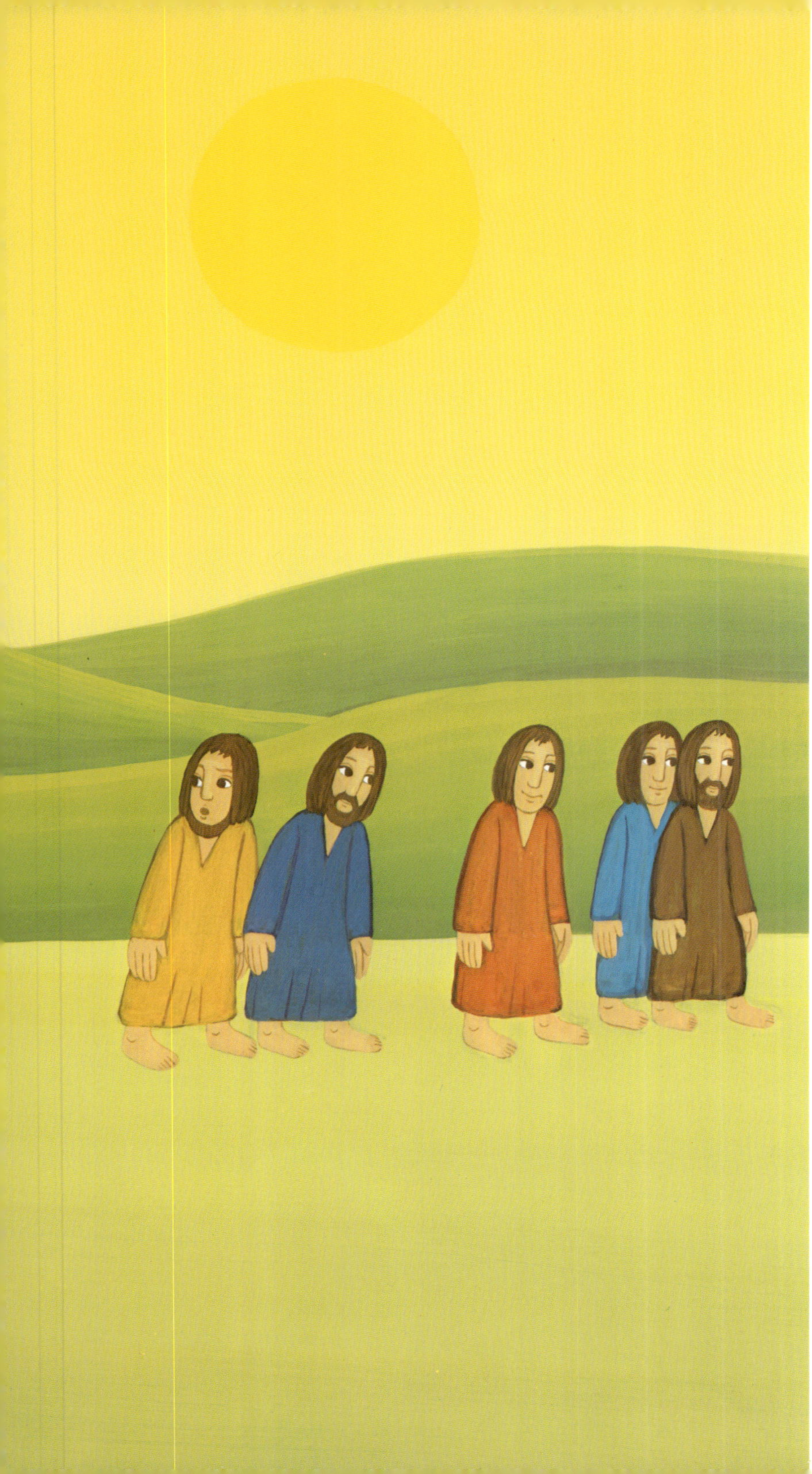

Doch die Menschen
erfahren davon.
Sie folgen Jesus.
Sie möchten bei
ihm sein.

Jesus schickt die Menschen nicht fort.
Er erzählt ihnen vom Reiche Gottes.
Er macht Kranke gesund.

Sehr viele Menschen
sind gekommen.
Es ist spät am Tag,
und die Sonne geht bald unter.

Die Jünger bitten Jesus:

Schick die vielen Menschen weg. Hier können sie weder schlafen noch haben sie zu essen.

Doch Jesus antwortet: Gebt ihr ihnen zu essen.

Die Jünger sind ratlos. Woher nehmen wir das Brot für so viele Menschen?

Einer der Jünger kommt zu Jesus:

Sieh, das ist alles, was wir haben.
Fünf Brote und zwei Fische.

Jesus fordert die
Jünger auf:
Sagt den Menschen,
sie sollen sich in
Gruppen zusammen-
setzen.
Und sie tun es.

Dann nimmt Jesus Brot,
blickt zum Himmel,
segnet es, bricht es
und gibt es den Jüngern.

Die Jünger teilen Brot und Fisch
an die hungrigen Menschen aus.

Alle essen,
und alle
werden satt.

Die Jünger sammeln die übriggebliebenen Brotstücke ein. Es sind 12 Körbe voll.

**Für Eltern und Erzieher zum Umgang mit diesem Bilderbuch**

Bevor wir dieses Bilderbuch mit unseren Kindern anschauen und ihnen die biblische Geschichte erzählen, werden wir uns selbst – wie bei allen sonstigen Bilderbüchern auch – mit dem Inhalt und der Absicht des Buches auseinandersetzen. Dies ist unabdingbar. Zunächst lesen wir den Bibeltext, wie er hier angegeben ist, oder wir schauen in die Bibel, um auch den Gesamtzusammenhang, in dem dieser Text steht, zu erfassen. Nun wird man diese Worte auf sich einwirken lassen, bedenken, hinhorchen, sie ›im Herzen bewegen‹. Erst wenn wir einen Zugang zu dieser Botschaft gefunden haben oder wenn sie in uns vertieft oder gleichsam neu geworden ist, vermögen wir sie den Kindern nahezubringen. Dann können wir unser Ziel erreichen, den Kindern für jetzige oder künftige Situationen Vertrauen, Liebe und Hoffnung zuzusprechen.
Die Hinführung der Kinder zu dem biblischen Geschehen kann man auf zweierlei Weise vollziehen. Die erste, bessere ist es, dem Kind die Geschichte zu erzählen. Dabei halten wir uns an den Text und entfalten diesen zum besseren Verständnis des Kindes. Hierbei sind wir ganz auf das Kind hin orientiert und haben Blickkontakt mit ihm. Wir spüren Verstehensschwierigkeiten und können diese durch Wiederholungen oder Erweitern des Textes lösen, ohne dabei in moralisierende oder psychologisierende Deutungen zu verfallen. Das Kind lauscht unserer Erzählung; seine Phantasie und Kreativität wird angeregt, und es »bildert« sich die Geschichte ein. Danach erst wird es die Bilder des Buches betrachten, sie erkennen, dazu erzählen und später den kurzen Buchtext vorgelesen bekommen oder selbst lesen.
Die zweite, erarbeitende Möglichkeit wendet sich sofort dem Buche zu. Die Bilder werden als Impuls gezeigt, und die Kinder äußern sich spontan dazu, nennen ihre Vermutungen, die dann von den Eltern, Erziehern ergänzt und weitergeführt werden. Die Kinder sollen hierbei möglichst viel selbst herausfinden und zu erklären versuchen. Dazu kann der Text des Bilderbuches gesprochen werden. Man kann sich aber auch vom vorgegebenen Text freimachen.
Bei beiden Methoden sollte mit dem Erzählen und Betrachten des biblischen Bilderbuches die Geschichte nicht abgeschlossen sein. Gespräche, Malen, Spiel mit verteilten Rollen, Singen oder ein Gebet vertiefen das Gehörte und Geschaute beim Kind und lassen es mit seinem eigenen Leben in Verbindung bringen.

### Die Rückkehr der Jünger und die Speisung der Fünftausend

Lukas 9,10–17

10 Die Apostel kamen zurück und erzählten Jesus alles,
was sie getan hatten. Dann nahm er sie beiseite und zog
sich in die Nähe der Stadt Betsaida zurück, um mit ihnen
allein zu sein. 11 Aber die Leute erfuhren davon und folgten
ihm. Er empfing sie freundlich, redete zu ihnen vom Reich
Gottes und heilte alle, die seine Hilfe brauchten.
12 Als der Tag zur Neige ging, kamen die Zwölf zu ihm und
sagten: Schick die Menschen weg, damit sie in die umlie-
genden Dörfer und Gehöfte gehen, dort Unterkunft finden
und etwas zu essen bekommen; denn wir sind hier an
einem abgelegenen Ort. 13 Er antwortete: Gebt ihr ihnen zu
essen! Sie sagten: Wir haben nicht mehr als fünf Brote und
zwei Fische; wir müßten erst weggehen und für all diese
Leute Essen kaufen. 14 Es waren etwa fünftausend Männer.
Er erwiderte seinen Jüngern: Sagt ihnen, sie sollen sich in
Gruppen zu ungefähr fünfzig zusammensetzen. 15 Die
Jünger taten, was er ihnen sagte, und veranlaßten, daß
sich alle setzten. 16 Jesus aber nahm die fünf Brote und die
zwei Fische, blickte zum Himmel auf, segnete sie und
brach sie; dann gab er sie den Jüngern, damit sie diese an
die Leute austeilten. 17 Und alle aßen und wurden satt. Als
man die übriggebliebenen Brotstücke einsammelte, waren
es zwölf Körbe voll.

### Worum geht es in dieser Geschichte?

Die zurückgekehrten Jünger erzählen Jesus von ihrer Reise, die sie in seinem Auftrag durchgeführt haben. Jesus, der den ganzen Tag inmitten der Menschen verbrachte, sehnt sich wie sie nach Ruhe. Er zieht sich mit ihnen in die Abgeschiedenheit der Wüste zurück. Doch die Menschen folgen Jesus und lassen ihn nicht allein. Jesus begegnet ihnen mit Gespräch und Hilfe. Er weicht denen nicht aus, die ihm in die Wüste gefolgt sind.

Über diese Begegnung der Leute mit Jesus wird es Abend. Sie müßten nach Hause gehen, denn in der Einöde gibt es weder Unterkunft noch Verpflegung. Die Jünger weisen Jesus darauf hin. Doch er reagiert für sie unverständlich, denn er fordert die Jünger auf: Gebt ihr ihnen zu essen! Die Jünger halten dem entgegen, daß sie nicht genug Nahrung zur Verfügung haben. Selbst die Überlegung, etwas für so viele zu kaufen, hat keinen Sinn.

Daraufhin weist Jesus sie an, die Menge in Gruppen einzuteilen und sich lagern zu lassen. Dieser Aufforderung folgen die Jünger ohne weitere Fragen. Es ist ihnen nicht begreiflich, wie Jesus die vielen – Lukas spricht von fünftausend – mit Essen versorgen will. Aber sie glauben und vertrauen ihm.

Den Höhepunkt dieses Geschehens bildet das ganz alltägliche Tun Jesu, das aber für alle anderen zur Nichtalltäglichkeit wird: Jesus stellt die direkte Beziehung zu seinem Vater her, der durch ihn das Eigentliche wirkt, nämlich die Fülle Gottes, die in Jesus gekommen ist. Jesus ist nicht der Bote Gottes, sondern sein Sohn, eins mit dem Vater.

Die Formel »nahm – blickte auf – segnete – brach – gab« ist der Schlüssel und das Erkennungszeichen zum Herrenmahl. Jesus erfüllt hier nicht nur die Weissagungen des Alten Testaments, er weist darüber hinaus in die Zukunft auf die endgültige Gemeinschaft im Reiche Gottes. Die Jünger verteilen das ihnen von Jesus übergebene Brot, ein deutlicher Hinweis auf ihre spätere Aufgabe in der Gemeinde. Wie groß die Fülle Gottes ist, kommt zum Schluß noch einmal besonders zum Ausdruck: Es bleibt noch viel übrig. Die Zahl zwölf der gefüllten Körbe weist auf die zwölf Apostel, die sich in besonderer Weise um die Menschen kümmern sollen.

Die Erzählung läuft auf zwei Ebenen ab: Zum einen wird erzählt, wie Menschen Hunger haben, zum anderen wird dargestellt, was Jesus uns Menschen darüber hinaus anbietet: das Reich Gottes. Das Kind kann die erste Ebene relativ leicht begreifen. Es hat schon öfter Hunger gehabt.

Diese Alltagserfahrung ist Grundlage für das Verdeutlichen der anderen Ebene, die die Antwort Gottes bildet.
Ein erster Schritt zur Erschließung des Textes für die Kinder ist das Staunen: Warum folgen die Menschen Jesus? Was ist an ihm, daß die Menschen ihm in die Wüste folgen? Was macht Jesus mit ihnen? Dieser Jesus, der gesucht und gefragt wird, hat Zeit. Obwohl er müde ist, spricht er mit den Menschen und hilft. Das schätzen Kinder, einen solchen Menschen haben sie gern. Darüber vergessen sie auch schon einmal, daß sie Hunger haben. Ein Mensch, der Zeit hat für andere, ist ein Orientierungspunkt.
Der zweite Schritt: Wie verhält sich dieser Mensch, wenn jemand Hunger hat, wenn plötzlich Probleme auftauchen, die unlösbar scheinen? Schickt er sie fort? Oder hilft er auch hier? Der Spannungsbogen, der aus Suchen und Vertrauen besteht, wird immer weiter aufgebaut. Denn Kinder werden heute in solchen Situationen oft mit ihren Problemen allein gelassen.
Und dann kommt – als drittes – die Antwort der Menschen. Die Jünger sagen: Schick die Leute nach Hause, damit sie selbst für sich sorgen können. Sie erkennen, daß sie nicht imstande sind, das Problem lösen zu können, daher ihre Reaktion. Kinder erleben das auch oftmals: ihre Angelegenheiten kommen zur unpassenden Zeit, werden vertagt oder sind einfach nicht zu lösen. Auch hier können sich Kinder aus eigener Erfahrung in der Erzählung wiederfinden.
Doch Jesus – viertens – geht auf diese Antwort der Jünger nicht ein. Er sagt nicht nein, er fordert die Jünger sogar ausdrücklich auf: Gebt ihr ihnen zu essen! Die Jünger sind ratlos – so wie die Menschen heute angesichts der großen Hungersnöte. Die Antwort Jesu hallt nach: Löst ihr die Probleme der Menschen! Ebenso wie die Jünger stehen Eltern und Erzieher oft mit leeren Händen da. Es bleibt nur noch das Vertrauen zu Jesus und dem, was er sagt. Die Jünger gehorchen Jesus, weil sie ihm und an ihn glauben.
In diesen Glauben hinein ereignet sich die Antwort Jesu: Alle werden satt. In Jesus ist das Reich Gottes angebrochen. Er stillt nicht nur den irdischen Hunger, er gibt mehr, die Überfülle Gottes. Diese Erfahrung ist möglich im Glauben. Kinder sind für diese Botschaft noch offen. In ihrem täglichen Leben gibt es viele Momente, in denen sie aus dem Glauben und dem Vertrauen heraus handeln, was ihnen Eltern sagen, was Erzieher ihnen vorleben oder was Lehrer ihnen vermitteln. Diese Geschichte sagt ihnen, daß ihr Glauben an Jesus nicht enttäuscht wird.
Daß dieser Erzählung ausgerechnet die Erfahrung des Sattwerdens zugrunde liegt, ist nicht zufällig. Das gemeinsame Essen war für Jesus immer ein besonderer Ausdruck der Zuwendung und Zusammengehörigkeit. In herausragender Weise betonte er dies beim Letzten Abendmahl. Darum ist das Herrenmahl der besondere, der innigste Ausdruck des Glaubens an den auferstandenen Herrn, das Vertrauen darauf, daß er die Antwort auf unseren Hunger ist. Kinder essen am liebsten in der Gemeinschaft der Familie, Christen treffen sich beim Gedenken an Jesus zur gemeinsamen Mahlfeier. So kann man Kindern verdeutlichen, daß das gemeinsame Mahl nicht nur eine Erinnerung an Jesu Wirken ist, sondern auch schon die beginnende Teilnahme am Reich Gottes darstellt.